HAPPY

Father's Day

This Notebook Belongs To :

HAPPY

Father's Day

I Think Me Being Your Wife is Enough of a Gift

HAPPY
Father's Day

Date ___ / ___ / ___

HAPPY
Father's Day

Date ___/___/___

HAPPY Father's Day

Date ___/___/___

_____

_____

_____

_____

_____

_____

_____

_____

_____

_____

_____

_____

_____

_____

_____

_____

_____

_____

_____

_____

_____

_____

_____

_____

_____

_____

_____

_____

HAPPY
Father's Day

Date ___ / ___ / ___

Father's Day

Date ___ / ___ / ___

Date ___ / ___ / ___

HAPPY
Father's Day

Date ___/___/___

HAPPY
Father's Day

Date ___ / ___ / ___

HAPPY
Father's Day

Date ___ / ___ / ___

Father's Day

Date ___/___/___

HAPPY
Father's Day

Date ___ / ___ / ___

Father's Day

Date ___/___/___

HAPPY
Father's Day

Date ___ / ___ / ___

HAPPY
Father's Day

Date ___ / ___ / ___

Father's Day

Date ___ / ___ / ___

Father's Day

Date ___ / ___ / ___

HAPPY
Father's Day

Date ___ / ___ / ___

HAPPY
Father's Day

Date ___ / ___ / ___

HAPPY
Father's Day

Date ___ / ___ / ___

HAPPY
Father's Day

Date ___ / ___ / ___

HAPPY
Father's Day

Date ___ / ___ / ___

HAPPY

Father's Day

Date ___ / ___ / ___

HAPPY
Father's Day

Date ___ / ___ / ___

Father's Day

Date ___ / ___ / ___

HAPPY
Father's Day

Date ___ / ___ / ___

Father's Day

Date ___ / ___ / ___

HAPPY
Father's Day

Date ___ / ___ / ___

Father's Day

Date ____ / ____ / ____

Date ___/___/___

Father's Day

Date ___/___/___

HAPPY
Father's Day

Date ___ / ___ / ___

Father's Day

Date ___ / ___ / ___

Date ___ / ___ / ___

Father's Day

Date ___/___/___

HAPPY
Father's Day

Date ___ / ___ / ___

Father's Day

Date ____ / ____ / ____

HAPPY
Father's Day

Date ___ / ___ / ___

Father's Day

Date ___/___/___

Father's Day

Date ___ / ___ / ___

Father's Day

Date ___/___/___

_____

_____

_____

_____

_____

_____

_____

_____

_____

_____

_____

_____

_____

_____

_____

_____

_____

_____

_____

_____

_____

_____

_____

HAPPY
Father's Day

Date ___ / ___ / ___

HAPPY
Father's Day

Date ___ / ___ / ___

Father's Day

Date ___ / ___ / ___

HAPPY
Father's Day

Date ___/___/___

Father's Day

Date ___ / ___ / ___

Date ___ / ___ / ___

HAPPY
Father's Day

Date ___ / ___ / ___

Father's Day

Date ___ / ___ / ___

Father's Day

Date ___ / ___ / ___

HAPPY
Father's Day

Date ___ / ___ / ___

HAPPY
Father's Day

Date ___ / ___ / ___

Father's Day

Date ___ / ___ / ___

HAPPY
Father's Day

Date ___ / ___ / ___

Date ___ / ___ / ___

HAPPY
Father's Day

Date ___ / ___ / ___

Father's Day

Date ___/___/___

HAPPY
Father's Day

Date ___ / ___ / ___

HAPPY
Father's Day

Date ___ / ___ / ___

Father's Day

Date ___ / ___ / ___

Father's Day

Date ___ / ___ / ___

Father's Day

Date ___/___/___

Date ___ / ___ / ___

Father's Day

Date ___ / ___ / ___

HAPPY
Father's Day

Date ___ / ___ / ___

HAPPY
Father's Day

Date ____ / ____ / ____

Father's Day

Date ___ / ___ / ___

Father's Day

Date _____/_____/_____

Father's Day

Date ___ / ___ / ___

Father's Day

Date ___ / ___ / ___

HAPPY

Father's Day

Date ___ / ___ / ___

HAPPY

Father's Day

Date ___ / ___ / ___

HAPPY

Father's Day

Date _____ / _____ / _____

HAPPY
Father's Day

Date ___/___/___

HAPPY
Father's Day

Date ___ / ___ / ___

Father's Day

Date ___ / ___ / ___

Father's Day

Date ___ / ___ / ___

HAPPY
Father's Day

Date _____ / _____ / _____

Date ___ / ___ / ___

Father's Day

Date ___/___/___